夢が人生つくるのさ

語り 辻田与五郎

目次

■青春時代

■順風ではなかったけれど

■見つけた「新たな道」

■広がりに手応え

■これが僕の生きる道

■年　譜

本書は秋田魁新報の聞き書き連載「シリーズ時代を語る」（2022年2月21日〜3月26日）を1冊にまとめたものです。一部を加筆・修正しました。（聞き手＝斎藤純一）

夢が人生つくるのさ

■青春時代

無二の血液型漫談師

「湯沢市出身の菅義偉さんは第99代首相。内閣総理大臣や大統領は数多くおりますが、血液型漫談師は世界広しといえども、私だけであります」

こんな口上から話し始めます。得意なのは血液型漫談と選挙漫談。血液型でみる人間関係は20代から興味を持ち、身の回りの人たちを〝観察〟していました。選挙をお手伝いした経験を基にした選挙漫談は、思わず笑ってしまう候補者やスタッフの行動を紹介します。

本職は農業。昭和54（1979）年、34歳の時に漫談を始めました。家内は「そんな年で漫談なんて始められるわけがない」と反対でしたけれど。

でも、私は何かにチャレンジするのが好きな上、人前に出て注目されるのも大好きです。一度決めたからには絶対にやる。そう期して初舞台に立ったんです。この年の12月9日、「血液型と人間関係」をテーマに雄物川町（現横手市）の中央公民館で1時間ほど講演しました。お客さんは50人ぐらいだったかな。皆さん大笑いで、喜んでくれました。

これに気を良くし、年明けから漫談の〝押し売り〟を始めました。知り合いに「血液型をテーマにした講演会をさせてもらえませんか」とお願いするのです。うさんくさいと思った

黄色のスーツと赤いシルクハットで漫談＝令和3（2021）年12月、横手市

人もいたかもしれませんね。

初舞台から42年。県内外で3200回を超える講演をさせてもらいました。これまでの経験から、舞台は鏡のようなものだと思うんです。こちらが楽しく話していれば、お客さんも楽しい気持ちになり、そうでなければお客さんもつまらない。笑いは健康にも良いと言われています。たくさん笑ってもらおうと頑張っています。

祖母が溺愛、偏食に

沼館町（現横手市雄物川町）のコメ農家の長男として生まれました。家族は両親と祖父母、妹2人と弟1人。父七蔵は祖父與蔵の末の弟です。祖父母は子どもがおらず、養子縁組をしたそうです。家を守るため、昔はこうゆうことがよくあったみたいですね。

父と母キヨもなかなか子宝に恵まれず、私が生まれたのは結婚から12年目でした。父のめいをいったん養女にしたそうですが、私が生まれたので、めいは実家に戻りました。

辻田の家は400年ぐらい前に四国からやって来たと聞いています。「与五郎」は屋号でもあり、仏壇に残された位牌《いはい》を見ると、何代かおきにこの名が出てきます。私の誕生を父が喜んで、与五郎と名付けたのです。

母は体が弱く、祖母のイクノが主に家事をしていました。初孫だったからか、祖母はとにかく私をめんこがってくれました。漬物や山菜、しょうゆで煮た鶏肉、カド（ニシン）、イカ焼きなど好きなものを食べさせてくれるものだから、小さい頃は極度の偏食でした。これらはみんな祖母の好きなもの。自分の好物を食べさせていたのでしょう。

カドは小骨を取ってくれるし、食

2歳の頃、沼館町の自宅前で

あたりを避けるためか刺し身はほとんど出てきません。大好きだったのはカチンカチンに凍ったアイス。カランカランとかねを鳴らして自転車で売りに来ると、祖母からお金をもらって走って行きました。かねの音が聞こえると、近所の人たちは「与五郎ちゃん、また買いに行くよ」と眺めていたそうです。

仲のいい友達が3人いて、いつも外で遊んでいました。缶蹴り、コマ、冬は竹スキーとソリ。ある日、転んで泥だらけになって帰ると、祖母が「どうした」と尋ねます。すると「あそこで、こう転んだ」と身ぶり手ぶりを交えて再現しました。なんでそんなことをしたのか覚えていませんが、変な子どもですよね。

入退院の父他界

昭和30（1955）年2月25日、父七蔵が亡くなりました。沼館小学校（現雄物川小）4

年の時です。1年ぐらい前から入退院を繰り返していました。詳しく教えてもらえませんでしたが、がんだったようです。

10歳違いの弟が1月に生まれたばかりで、母キヨはショックで寝込んでしまいました。父は農協の理事などを務めていて忙しい人でした。一緒に遊んだり、どこかに連れていってもらったりした記憶はなく、特段怖いという印象もありません。父の死はもちろん悲しいものでしたが、「この先、わが家は大変だろうな」とおぼろげに感じるぐらいでした。

わが家の田んぼは1町6反（約1・6㌶）。ここら辺では小さい規模で、田植えや稲刈りを除けば、父が1人でこなしていました。祖父は私が生まれて間もなく亡くなっていて、男手は私1人。学校の田植え休みに

学芸会の劇に出演（左から2人目）＝昭和30年ごろ

手伝ったことはありましたが、父の代わりになれるわけもありません。

当時の稲作は大半が手作業。祖母と母だけではとてもできず、祖母のおいに当たる人に若勢《わかぜ》として、住み込みで来てもらうことになりました。私より一回り上のその人は働き者で、雪が解けると朝から晩まで田んぼにいて、冬は出稼ぎに行きました。遊んだり、話をしたことはあまりなかったのですが、私が高校を卒業するまでの8年間、田んぼを守ってくれました。

小学生の私は友達と遊んでばかりいました。夏場は近くの雄物川で、持参したジャガイモをゆで、捕った魚を焼いて食べました。塩だけの味付けでしたが、うまかった。

学校での思い出は学芸会での劇。合唱や合奏もあったのですが、先生から毎年決まって劇に出ろと言われます。主役も脇役もやりましたが、舞台で芸をして、お客さんが喜んでくれるのがうれしかったことを覚えています。漫談師として活動するルーツなのかもしれません。

飛行機飛ばしに夢中

沼館中学校（現横手明峰中）に入学したのは昭和32（1957）年。小学4年の時に父を亡くし、中学を出たら農家を継がねばならないと思っていました。当時、農家の長男は半分ぐらいが高校に行かず、就農していましたから。当然、勉強には身が入りませんでした。

中学生の頃、模型飛行機作りに熱中しました。仲間内で、はやっていたんです。竹ひごの骨組みやプロペラ、ゴムなどがセットで売っていて、それを組み立てます。中学校の隣の蔵光院というお寺に、高い杉の木があり、その上まで飛ばすのが夢でした。でも何度挑戦しても高く飛びません。

羽根の形や大きさ、プロペラの大きさ、ゴムの長さと太さ、飛ばす角度をどうしたらいいのか。寝ても覚めてもそればかり考え、教室から杉の木を眺めていました。

授業も上の空。見かねた担任に「辻田。おまえ、授業に出なくていいから、飛行機を作っていろ」と言われました。「飛行機のことばかり考えていないで、勉強しなさい」じゃないんです。おおらかでしたね。素直に聞いて、当直室で1人で飛行機を作りました。そんなことが2、3回あったかな。

何度も改良を重ね、3年の夏休みに自信作が完成しました。「アルプス号」と名付けて、毎日のように飛ばしていました。杉の木を越えて飛んだのは冬も近い頃。ゆっくりと宙を舞う姿はかっこよかったなあ。飛行機作りを通して、夢を持って挑戦すれば必ずかなうものだと感じました。

3年では応援団長も経験しました。きっと声が大きかったからでしょう。先生に指名されたのです。野球やバレーボールの会場で、私の指示

私の影響で弟（前列左端）も模型飛行機に熱中＝昭和43年ごろ

で生徒たちが「フレーフレー」と叫びます。小学校の学芸会の時と同じで注目されるのはうれしく、また、人を動かすことの面白さも知りました。

希望かない高校受験

昭和35（1960）年3月、横荘線（46年廃線）の沼館駅によく足を運びました。中学を卒業し、東京に就職する同級生たちを見送るためです。「金の卵」と呼ばれた集団就職の彼らの中には、苦労を重ねて事業を起こしたりして、今もリーダーとして活躍している人がいます。見知らぬ土地で、頑張ったんだなと感心します。

私は農家を継がなければならない立場でした。早くに父を亡くし、父の代わりに住み込みで農作業をしてくれた親戚は結婚し、いずれ独立して家を出る予定でしたから。

そんな私に祖母と母が「高校へ行け」と言います。中学3年の秋。稲刈りが終わった頃でした。どうやら父方の伯父が「行かせてあげたらどうだ」と言ってくれたようでした。

沼館中（現横手明峰中）ではお盆すぎから、受験生を対象に補習授業をしていました。進学志望の友達が頑張っている中、私は来る日も来る日も校庭から、隣の蔵光院の杉を目がけて模型飛行機を飛ばしていました。伯父の家は学校の近くにあって、私の姿を見てふびんに思ったのかもしれません。

実は高校には行きたいと思っていました。勉強を頑張っていたわけではありませんが、成績はそんなに悪くなかったんです。同じくらいの成績の同級生が進学するのなら、自分も行きたくなります。だから祖母と母には二つ返事で「分かった」と答えました。家計が苦しいことは知っていたので、通学費や下宿代の

中学の同級生たちと（前列中央）＝昭和34年ごろ

負担がない地元の沼館高校（現雄物川高）を受験することにしました。

途中から補習授業を受けるのも気が引けたので、受験勉強は独学です。参考書や問題集を買ってきてね。時間は少なかったけれど、やると決めたからには夢中でした。受験当日、合格する自信はありましたが、周りの受験生たちはみんな賢そうに見えました。

演劇と生徒会に熱中

昭和35（1960）年に入学した沼館高校（現雄物川高）では二つのことが思い出として残っています。

一つは演劇部に入ったこと。小学校の学芸会で劇に出て、注目されることに味をしめた私は、中学校でも学習発表会で演劇に出ました。高校に入る時点で、卒業後は農家を継ぐと決心していたので、好きな演劇を楽しもうと思ったんです。

1、2年の頃は大道具と小道具担当の裏方。文化祭でロシアの劇作家チェーホフ原作の「結婚の申し込み」なんかを演じる先輩たちを舞台袖から眺めていました。

3年になると、部員は私だけ。1人じゃ何もできないと、新入生に「演劇やらないか」と呼び掛けました。応じてくれたのは女子生徒1人だけ。それでも文化祭に出ようと、2人で何度かせりふの打ち合わせをしました。3年の時の活動はこの1回。演目も、お客さんに受けたのかどうかも覚えていません。

演劇はその後の青年会活動などでも取り組みました。学芸会、学習発表会、演劇部を経て、今の漫談に至ったことを考えると、人前に出るのが好きなことは確かです。

高校時代のもう一つの思い出は生徒会長になったこと。実は中学校の時にも生徒会長

沼館高校に入学＝昭和35年

の話がありました。学年3クラスの委員長が選挙に出るよう、先生に言われたのです。B組の委員長でしたが、ほかの2人はとても優秀。劣等感があり立候補はしませんでした。高校では割と成績がよく、そんな気持ちはありません。2年の秋、周りに推されて立候補しました。

みんなの意見を聞いて物事を動かす。あるいは自分の考えを理解してもらい、従ってもらう。そんなリーダーの醍醐味《だいごみ》を味わうことができました。高校を出てから農家の仲間同士の勉強会やキノコ作りの研究会を作ったりしました。生徒会長の経験が役立ったようです。

■順風ではなかったけれど

コメの多収量目指す

高校を卒業し、昭和38（1963）年に農家を継ぎました。父が亡くなってから8年間、住み込みで働いてくれた若勢の親戚は別家として独立したため、農作業は主に私が担うことになりました。

田んぼは1町6反（約1・6㌶）。祖母と母、妹2人と弟の一家6人が食べていける規模ではありません。冬の屋根の雪下ろしなどを考えると、女、子どもを残して出稼ぎにも行けない。だから高校3年の頃から兼業農家になろうと思っていました。郵便局の試験を受け、合格しました。

ところが、祖母は「田んぼは片手間ではできない」と猛反対です。当時は草取りだって、稲刈りだって手作業。朝から晩まで難儀している祖母と病弱な母の姿を見ていただけに、就職は諦めました。

私が住む下川原集落には下川原水稲集団栽培組合というグループがありました。40戸ほどの農家が入っていて、共同で防除をしたり、大きなトラクターを買って共同で耕起したりするのです。

組合の目標は収量アップ。41年から45年まで、県は10アール当たりの平均収量が750キロを超えた集団を表彰していました。44年の組合の平均収量は786・6キロで、褒賞金をもらいました。記

今も近くの集会所に掲げてある多収量の賞状

念品として組合で作った灰皿が、今も家にあります。

先輩に追い付きたいと私も多収を目指しましたが、収量はせいぜい10俵（600㌔）程度。土壌があまりよくない田だったのは確かですが、技術が劣っていたんでしょうね。出稼ぎをしないので、冬場は翌年使う米俵を編むぐらいで、ほとんどすることがありません。1年目は沼館高校（現雄物川高）の図書館で受付を、2年目は町内の建設会社で事務仕事のアルバイトをして稼ぎました。就農直後からコメだけではなく、冬場も作ることができる作物が必要だと考えていました。

勉強会「イーグ」結成

高校を出てすぐに雄物川町（現横手市）の青年会に入りました。事務局長だった親戚が誘ってくれたのです。イベントや勉強会を一生懸命に企画して実行したのですが、少しやり過ぎたのでしょうか。ほかの会員から「一部の人の青年会になっている」と不満が出たのです。しばらく青年会から離れることにしました。

新たな活動の場をつくろうとある勉強会を立ち上げました。就農3年目の昭和40（1965）年4月のことです。これからの農業は合理性を重視し、企業的な視点で経営基盤を強化する必要があると、知り合いの農家の長男3人に声を掛けました。

高度経済成長期。冷蔵庫や洗濯機、農業機械や自動車なんかが必ず欲しくなる。妹、弟たちの学費も必要で、いろいろ金がかかるはずだ。世の中は好景気に沸いているが、農業はさほど変わっていないのではないか―。こんな思いから、もうかる農業を学ぼうと考えたんです。

イーグ結成15周年を記念して祝賀会＝昭和55年

勉強会の名前は「農業企業化グループ」。農業（Agriculture）、企業（Enterprise）、グループ（Group）の頭文字を取って、愛称はAEG（イーグ）としました。言い出しっぺの私が代表幹事に就きました。

勉強会は週1回。わが家に集まり農業経営や農政に関する本を読み、意見交換します。終わると必ず宴会です。ほかに全県の農業近代化ゼミナールに出席したり、青年会の交流会に参加したり、講師を招いて話を聞いたり。ピクニックや研修旅行にも出掛けました。思ったことはすぐに実行。イーグの活動は本当に充実していて、当初4人だった会員は20人に増えました。農協の組合長、町議会議員、町の農業委員、青年会長など地域のリーダーとなった会員も少なくありません。みんな忙しくなり20年ほどで活動は休止しましたが、かけがえのない仲間と巡り合いました。

エノキの栽培に挑む

1町6反（約1・6㌶）の田んぼではとても食べていけない。農作業のない冬場に何かやって、コメプラスアルファの農業をしなくては—。

昭和38（1963）年に就農して以来、頭を悩ませていた問題です。ウサギを飼おうと思ったこともあります。当時は肉や皮の需要があって、商売になるかもしれないと考えたのです。でも動物は元々好きではなく、諦めました。冬だけ飼うわけにもいきませんしね。本を読んだり、いろんな人に相談したりしても妙案は浮かびません。

40年10月のある日、自宅でテレビ画面にくぎ付けになりました。NHK教育テレビの「若い農民」という番組で、エノキタケ栽培をしている長野県飯山市の青年が紹介されていました。ガラス瓶で育

殺菌用に用意した釜＝昭和41年

て、菌を付けてから2カ月ほどで出荷できるといいます。シイタケのほだ木栽培は知っていましたが、瓶を使って屋内で作るという発想は全くありませんでした。

「冬場もできる。探していたのはこれだ」と直感。すぐその農家に手紙を書き、研修させてくれるよう頼むと、快く引き受けてくれました。11月15日、新潟経由で汽車を乗り継ぎ長野へ向かいました。その日は11月には珍しい吹雪で、秋田駅をたった汽車が羽後本荘駅に着くまで2時間も遅れたことを覚えています。

研修は2週間。農家の自宅に泊めてもらいました。エノキタケの栽培方法はこうです。まず、瓶におがくずと米ぬかを詰めます。それを大きな釜に入れ、蒸気で雑菌を殺します。瓶が冷めたらエノキタケの菌を入れます。温度を20度ぐらいに保ち、2カ月ほど培養します。

研修で感じたのは、全て手作業の瓶詰めが非常に面倒だということ。長野では1農家5千~1万本の規模といいます。できるだろうかと不安に思いましたが、冬期間の仕事として何としても実現させると、自分に言い聞かせました。

失敗続きで落ち込む

長野県飯山市で2週間の研修を終えると、長野市の善光寺を参拝。エノキタケ成功の決意を固めて自宅に戻りました。

栽培を始めたのは翌昭和41（1966）年の秋。農協に融資を申し込んだり、栽培用の2000ccのガラス瓶4千本と菌を注文したり、作業場とするためにコメを入れておく小屋を改造したりと、1年近くかけて準備を進めました。

9月ごろから作業を始めました。おがくずと米ぬかを入れたガラス瓶を蒸気で消毒し、キノコの菌を接種。祖母と母と私の3人で1日100本ぐらい処理し、棚に並べていきました。接種後2カ月で15センチほどに成長するはずです。

ところが、一向にエノキタケが見えてきません。恐らく菌を入れるときに雑菌が入ってしまったのでしょう。今なら無菌室のような場所で作業するのでしょうが、当時は普通の小屋を改造しただけでしたから。

なぜ生えないんだろう。理由が全く分かりませんでした。エノキタケを作っていたのは秋田県内では私を含めて3人だけ。2人を訪ねて聞いても原因は分かりません。研修した長野の農家に電話で問い合わせても結果は同じ。1年目はほとんど収穫できず次の年も、その次の年もうまくいきませんでした。

辛うじて収穫できた分を、店に置いてもらっても全く売れません。そもそもほとんどの人がこのキノコを知らなかったのです。私自身もテレビで初めて見たくらいですから。「モヤシみたい。どうやって食べるんだ?」とよく言われました。仕方なく祖母が知り合いの家を回り、売り歩きました。難儀を掛けたと今も感謝しています。

エノキタケを売り歩いてくれた祖母＝昭和43年ごろ

失敗が続いて、落ち込むばかりです。結局、エノキタケは成功することなく4年でやめました。意気揚々と研修のために長野に向かった日の大吹雪。今思えばエノキタケ栽培の、いばらの道を暗示していたのかもしれません。

祖母の一言で結婚へ

家内の純子と知り合ったのは昭和43（1968）年7月。雄物川町（現横手市）の農業近代化ゼミナールが企画した鳥海山登山の時でした。ゼミのメンバーのほか、町内の女性も5人ぐらい参加しました。

ある日、登山に女性が参加すると知った祖母が「与五郎、最初に頂上に登ったおなごを嫁にしろ」と言います。理由を聞くと、「山登りが速ければ、体も丈夫だから」。それを真に受けたわけではありませんが、登山当日は早めに頂上に着いて、最初に登ってくる女性を待ちました。それが家内でした。

あの頃は町内も若い人が多く、フォークダンスや鍋っこ遠足、さまざまな勉強会など若者の集まる行事がたくさんありました。そこでよく家内と顔を合わせます。祖母の冗談とは思っていても何となく意識し、話し掛けるようになりました。

この年の11月ごろに「俺と結婚してけれ」とプロポーズ。そして45年11月3日、文化の日に結婚式を挙げました。相手もいないうちから、なぜか「11月3日に結婚する」と言っていました。祝日だし、稲刈りも終わる時期だからかなあ。

町中央公民館で開いた披露宴は当時としては珍しい会費制。多分、エノキタケの研修で訪れた長野県で知ったのだと思います。新しいことに挑戦したい気

会費制で行った披露宴（中央）＝昭和45年11月

持ちもありました。１００人ぐらい集まってくれました。

式典でも何でも大概の集まりは会費制です。でも披露宴だけは何となく相場のようなものがある。費用がこれくらいかかるから、このくらい負担してほしいという方が合理的ですよね。

あれから51年。農家仲間で作った勉強会「イーグ」のメンバーが全て段取りをしてくれました。エノキタケの失敗が続き、精神的にも経済的にも落ち込んでいる時に一緒になってくれました。その後もいろんな苦労を掛けました。家内には感謝しかありません。

やけ酒と読書の日々

昭和41（１９６６）年、21歳で始めたエノキタケは失敗の連続。何でうまくいかないんだろう。でもその理由が分からない。早く軌道に乗せないと、妹や弟の学費だって払えない。焦りと不安が日々募りました。

はけ口は酒でした。酒量はどんどん増え、一升瓶の半分を空けて酔いつぶれる日もありました。もともと酒は強いわけではありませんでしたから。家内とは23歳で知り合い、25歳で結婚。やけ酒でみっともない姿をさらしていたのに、よく嫁に来てくれたものです。

ある日、本を読んでいてハッとしました。どうしても酒を飲みたくなったり、2合でやめようと思ってもやめられなかったり、愚痴を言って絡んだり。これらが当てはまる人はアルコール中毒の疑いがあると書いてありました。まさに私そのものです。それでもしばらくは酒をやめられませんでした。

酒に溺れる一方で、人生哲学に関する本をよく読

焦りと不安で酒量が増えた

むようにもなりました。デール・カーネギーの「道は開ける」、ハロルド・シャーマンの「信念の力」、ナポレオン・ヒルの「巨富を築く13の条件」などです。人生とは何か、人間とは何か。自分はどうしてこんなに失敗するのか、成功する人はどんな考え方をするのか。それを知りたかったのです。

いいなと思った文章には赤線を引き、その中でも特に気に入ったものは手帳に書き留めました。いつも手帳を持ち歩き、落ち込んだ時、それを見て自分を励ましていました。たくさんの本を読んで得た結論は「その人の人生は、その人がいつも考えている通りになる」ということでした。この仕事を必ず成功させると思っていれば成功する。逆に失敗するかもしれないと思えば失敗してしまう。エノキタケは45年の春でやめ、46年からはシメジ栽培を始めました。もちろん「必ず成功する」と自分に言い聞かせて。

シメジでもつまずく

一度も成功することなく、昭和45（1970）年の春にやめたエノキタケ。次に挑戦したのはシメジです。キノコで絶対に成功するという意地があったからです。新しいもの好きという性分も理由の一つかな。ここら辺でシメジを栽培している人はいませんでした。エノキタケの失敗から、1人で頑張るには限界があると感じていました。近くに仲間がいれば助け合えるし、出荷量が増えれば販売も有利になる。そう思い、同年代の農家でつくる勉強会「農業企業化グループ（愛称イーグ）」のメンバーに声を掛けました。イーグの面々はコメプラスアルファの作物が必要という意識が高く、8人が賛同してくれました。45年中に9人で「雄物川シメジ研究会」を結成。栃木や長野、新潟といった先進地を視察しました。みんなで話し合い、原木栽培に決めました。必要なのは原木と種菌で、エノキタケのような雑菌処理は不要です。初期投資が少なく、技術的にも難しくないと思ったのです。

46年には研究会を「雄物川しめじ組合」に名称変更、いよいよスタートです。春に種菌を原木に付け、秋の収穫を待ちました。でも、世の中、そう簡単にはいきませんよね。キノコは生えませんでした。種苗会社から買った種菌がよくなかった上、雨による品質低下もあったようです。9人いたメンバーは3人に減ってしまいました。見事な失敗です。

エノキタケからの失敗続き。もうけるどころか借金が増えるばかりです。あの頃は本当に苦しかった。やけ酒の量はさらに増えました。

このままでは人生、駄目になってしまう。結婚したばかりの家内にもつらい思いをさせている。思い

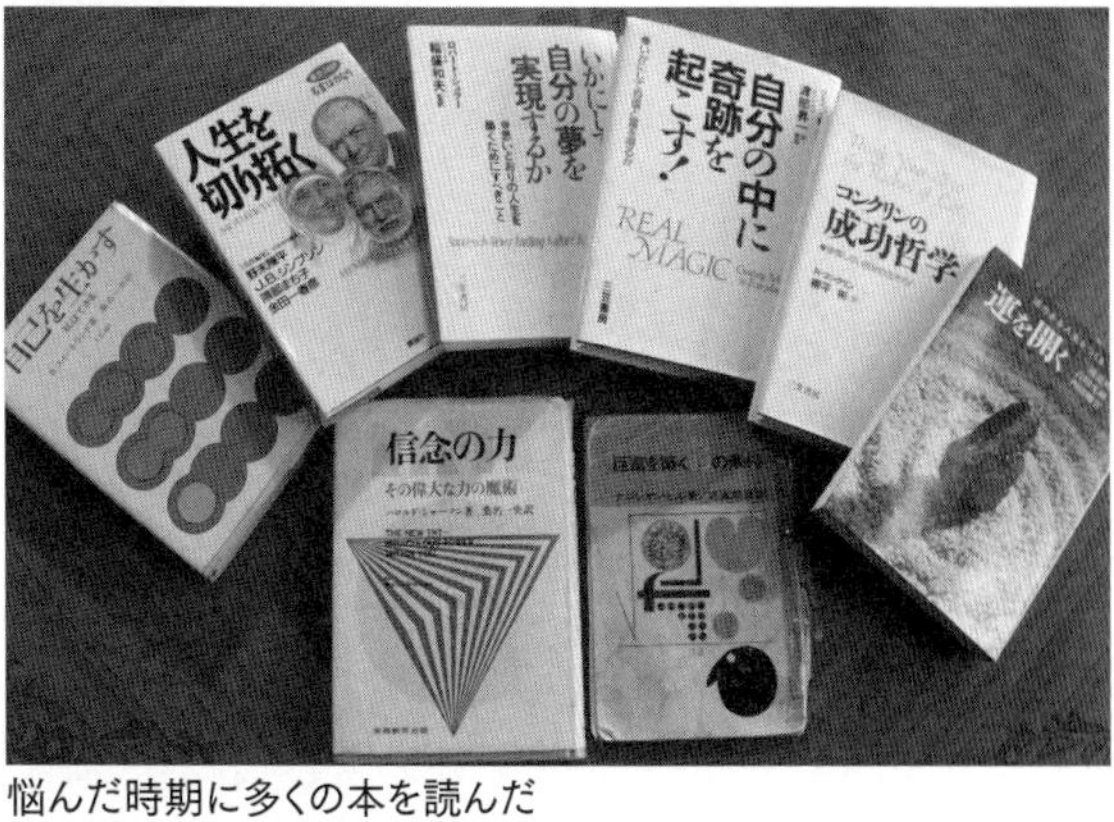

悩んだ時期に多くの本を読んだ

悩んだ揚げ句、この年、禁酒禁煙を宣言。多くの人生哲学の本を読んで得た「その人の人生は、その人がいつも考えている通りになる」との信念を再び胸に刻みました。

■見つけた「新たな道」

しめじ組合に知事賞

禁酒禁煙を宣言し、気持ちを新たに死に物狂いで取り組んだシメジ栽培。原木栽培は諦め、昭和46（1971）年の秋から47年春にかけて、米ぬかとおがくずを混ぜた培地に種菌を付ける栽培法にしました。エノキタケと同じ作り方です。

培地を入れたのはガラス瓶と魚を入れる木箱。雄物川しめじ組合では一斗缶を使ったメンバーもいました。入れ物が違うだけですが、ガラス瓶は「瓶栽培」、ほかは「菌床栽培」と呼んでいました。

禁酒禁煙の願掛けが天に通じたのか、47年のシーズンはある程度まとまった量を収穫することができました。横手市への出荷が基本ですが、収穫が多い日は秋田市に出すこともありました。翌48年からは秋田市の集荷業者に全量を納入。生産、出荷が軌道に乗り始め、失敗続きのキノコ作りで一筋の光を見た思いでした。

規模拡大や新しい組合員2人が加入したことで、49年には生産量が倍に増えました。50年には組合員がさらに1人増えて6人に。生産者は5人で、残る1人は事務一切を担う事務局長です。商品名は「㋔雄物川しめじ」で統一、段ボール箱に印刷しました。

当時、雄物川町（現横手市）に

知事賞を受賞し、組合の仲間と記念写真（前列右）＝昭和51年1月

は五つの農協がありました。しめじ組合のメンバーの所属はばらばらで、各農協にシメジ部会をつくってくれとはいえませんでした。ただ、出荷量が増えてくると事務局長1人では手が回らなくなり、各農協に話をして沼館農協（現ＪＡ秋田ふるさと）に事務を委託しました。

生産量が伸びる中、しめじ組合は51年1月、秋田県特用林産物経営コンクールという全県規模の大会で知事賞を受賞。また、メンバーの1人が日本農業賞の県代表に選ばれました。意欲的な農業経営で地域発展に貢献した個人、組織を表彰する賞です。われわれのシメジ栽培が世間に認められたと実感しました。

物足りなさを感じる

雄物川しめじ組合は順調に出荷量を伸ばしていました。収穫量を上げようと、おがくずと米ぬかの量を変えるなどいろんな工夫をしました。ガラス瓶栽培では瓶の底に水がたまると芽の出が悪くなるので、瓶を一定期間逆さまにしたりもしました。

メンバーがそれぞれ研さんし、いいところを参考にしながらさらに生産量を増やす。とてもいい雰囲気でした。規模を大きくし、作業場を新しく建てる仲間に触発され、私も昭和50(1975)年に作業場を建て替え、規模を拡大しました。それまではガラス瓶4千本で育てていましたが、軽くて作業が楽なプラスチックの瓶に変え、一気に2万6千本に。随分思い切ったものです。

失敗の連続で抱えた借金はさらに膨らみましたが、それほど気にはなりませんでした。当時の

好調だったシメジ栽培＝昭和59年

組合の生産量は県内一だったと記憶しています。組合に勢いがあり、手応えを感じていたからでしょう。

冬場にシメジを作り、春の田作業が終わると、毎年組合員と旅行に出掛けました。北海道や石川、宮城の松島などです。シメジ栽培は充実していて、何の不満もありませんでした。

でも、その一方で、ある気持ちが芽生えてきたのです。「たった一度しかない人生。二度とない人生がキノコ作りで終わってしまうんだろうか。物足りないなあ」。組合が秋田県特用林産物経営コンクールで知事賞をもらった51年ごろからだと思います。その気持ちは日に日に強くなっていきました。実はこの思いが、今の漫談活動のルーツとなっています。

ところで、シメジで成功するまでは、と誓った禁酒は1年ほど続けました。栽培が軌道に乗り始めた47年に解禁。昔は日本酒オンリーでしたが、今はウイスキーが多いです。適量を飲み、休肝日も設けていて、肝機能は正常です。同時に宣言した禁煙はまだ続けています。

新たな目標は講演会

たった一度の人生がキノコ作りだけで終わるのだろうか―。もやもやした気持ちを抱えていた昭和52（1977）年、平鹿郡農協（現JA秋田ふるさと）青年部が主催する講演会に出掛けました。

有名な講師の先生が各地の農業の様子を話してくれました。でも「北海道の農協ではこんなことをしていた。九州に呼ばれた時にはこんな話になった」と事例を延々と紹介するだけ。正直、面白いとは思えませんでした。「これなら俺にもできる。いや、もっと分かりやすく、面白く話せるんじゃないか」。そう直感し、講演会開催が新たな目標になりました。

なぜ講演会なのか。とっぴな発想の理由をよく聞かれるのですが、自分でもはっきりしません。ただ、昔から人前に出て注目されることが大好き。小学校から高校までの演劇、中学校の応援団長、高校の生徒会長。こうした経験が根っこにあるのでしょう。

高校を出てからはマイクを握る機会が増えていました。仲間同士の飲み会、カラオケ大会、結婚式などで、頼まれてもいないのに司会役を買って出ていました。マイク好きが高じて47年には選挙の応援演説にも初めて挑戦しました。

特に受けるのがカラオケの紹介。『「山には山の愁いあり、海には海の悲しみや――』。あざみの歌。○○さんの歌でどうぞ」といった具合に、歌詞の一部を交えてテンポよく紹介します。名司会者の玉置宏さんの本を買って勉強しました。

集落のカラオケ大会で司会＝昭和50年ごろ

こうやってナレーションを付けると、皆さんスターになった気になり、気持ち良さそうに歌います。普段歌わない人や、歌うつもりのなかった人が「俺も、私も」となるわけです。ボールペンや食器を買っておいて、歌い終わった人に賞品としてプレゼントします。注目されるのも、人に喜んでもらうのも好きなんです。

血液型の研究始める

講演会開催を新たな目標に据え、何を話そうかと考えました。思い付いたのが血液型。キノコの話をしても面白いと思ってくれる人は少ないけれど、血液型ならば老若男女、誰でもとっつきやすいですよね。

血液型には20代前半から興味を持っていました。結婚式やカラオケ大会の司会をしていると、盛り上がる人とそうでない人がいます。試しに血液型を聞いてみると、盛り上がる人はA型とO型が多いんです。

同年代の農家でつくる勉強会「農業企業化グループ（愛称イーグ）」の会合やいろんな会議に出ていると、意見の合う人と合わない人がいます。意見が一致する人は同じ血液型の人が多いことに気付きました。

講演会に向け、昭和53（1978）年から血液型について研究するようになりました。まずは血液型に関する本を片っ端から読みあさりました。

A型は神経質なほど気を使い、B型は「人は人、俺は俺」というタイプで干渉されるのを嫌う。O型は目標に向かって現実的に物事を進め、普段ソフトなAB型は時として感情を表に出す―。本を読む限り、ある程度は血液型によって性格が分かります。

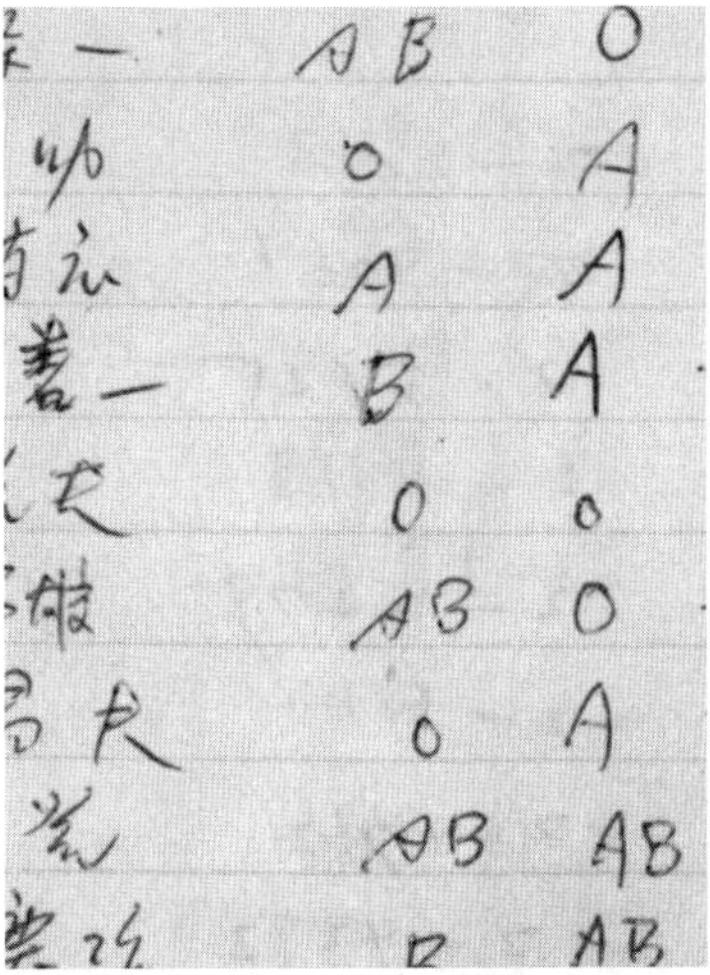

知り合いの夫婦の血液型を書き留めたノート

この分類を頭にたたき込んでから、よく顔を合わせる人に血液型を聞いて回りました。イーグのメンバーや集落の人、商店街の人、農協の幹部、中学校の同級生などです。血液型をノートに書いて、その人たちに会う時に分類が正しいかどうかを観察しました。これが意外と当たっていました。

次に注目したのは血液型を基にした人と人との関係性です。あの人とこの人は馬が合うとか、逆に仲が悪いとか、あの2人が話していると主導権を握るのはあっちだとか、この人はあの人の頼みを断れないだとか。やりとりを注意深く見ていると、血液型の組み合わせによる力関係が分かってきました。

「血液型理論」を試す

血液型による人と人との力関係について、周りの人たちの観察を続けると、ある傾向が分かってきました。

同じ血液型は基本的に気が合いますが、意見が対立すると譲り合うことはない。A型はO型とAB型に対して強い立場。同じようにB型はA型に対し、O型はB型に対し、AB型はO型とB型に対し、それぞれ支配的。家族内や友人同士、200組以上の血液型と関係性を見ての結論でした。

この理論が正しいかどうか知りたくて、昭和54（1979）年の夏、ある実験をしました。私は当時、沼館農協（現JA秋田ふるさと）の青年部長で、青年部主催の夏祭りの実行委員長を務めました。地域の人たちを招いたイベントです。

農協の青年部長時代に訪れた中国（中央）＝昭和54年

実験というのは、実行委員会のスタッフを血液型を参考に割り当てるというものでした。血液型に配慮して役割分担すれば、夏祭りはきっとうまくいくはずだと考えたのです。

私はA型。副委員長にはO型とB型の部員を充てました。O型は私の指示をちゃんと聞いてくれるはずです。B型を選んだのは、悪い部分があれば意見を言ってもらって、私の暴走を防ぐのが狙いです。事務局は仲のいいA型2人。屋台、カラオケ大会、農産物即売会など祭りのイベントのスタッフも血液型で決めました。理論通り、結果は大成功でした。

講演会を開きたいと始めた血液型の研究ですが、思いも寄らぬ形で役立ったことがあります。随分前の話ですが、友人から「B型の人を紹介してほしい」と電話がありました。事情を聞くと、職場の同僚がけがをして輸血の必要があり、お医者さんがB型の人を探しているというのです。身近な人だとお願いしやすいですよね。すぐに何人かの名前を伝えました。

青年部長時代には県主催の農業視察団に参加し、中国を訪れました。初めての海外でとても印象深く覚えています。

初の講演会で大受け

血液型でスタッフを配置して大成功を収めた夏祭り。独学の「血液型理論」が証明されたようで、講演会開催へ自信を深めました。

コメとキノコを作っている農家が血液型の講演をするといっても、恐らく誰も来てくれないでしょう。頼ったのは雄物川町（現横手市）の連合婦人会です。会長さんは就農後間もなく冬場のアルバイトをさせてもらった建設会社の社長の奥さんで、頼みやすかったんです。

連合婦人会主催の講演会という形を取って、会員の人たちに声を掛けてもらいました。準備や当日の司会進行など事務は、農家仲間でつくる勉強会「農業企業化グループ（愛称イーグ)」のメンバーが引き受けてくれました。

昭和54(1979)年12月9日。人生初の講演会は日曜日の大安吉日を選びました。会場は町中央公民館。お客さんは婦人会の会員の人たちと友人たち合わせて50人ぐらいだったと思います。「血液型と人間関係」をテーマに1時間ぐらい話をさせてもらいました。

芸能人のカップルや政治家の力関係を血液型から分析し、面白おかしく解説すると、会場は爆笑の渦でした。受けたなあ。緊張は全くしませんでした。元々マイクを持って注目されるのが好きですから。逆にお客さんに受けると、こっちも乗ってくるんです。

キノコ作りがうまくいかず落ち込んでいた頃、

人生初の講演会は大受け＝昭和54年12月9日

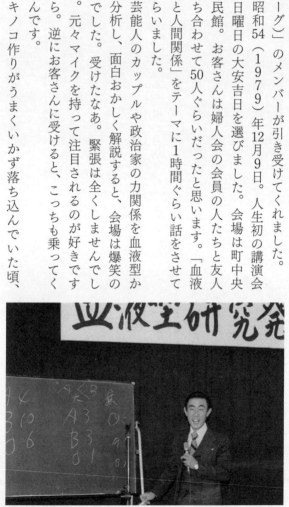

「人生はその人がいつも考える通りになる」と奮起し、軌道に乗せることができました。講演会も同じです。絶対に実現し、全国を回るんだと心に決めていました。これはほかの所でやっても大丈夫だ、とさらに自信が深まりました。

講演会が終わると、お世話になった婦人会やイーグの人たちをわが家に招いて反省会を開きました。皆さん「良かった」「面白かったよ」と言ってくれ、深夜まで宴会が続きました。

チラシ作り講演ＰＲ

昭和54（1979）年12月9日に開いた人生初の講演会。私自身とても楽しめただけでなく、お客さんの評判も上々でした。手応えを感じて、年明けから講演会の〝押し売り〟を始めました。

地元の雄物川町（現横手市）や近隣の農協、商工会、公民館などに足を運び、「血液型の講演をさせてもらえませんか」とお願いするのです。タレントでも学者でもない、30歳を過ぎた農家の申し出に、変な顔をされることもしばしばありました。

それでも翌55年には16回の講演会を開くことができました。初講演に協力してもらった雄物川町連合婦人会の方々や、普段よく会う農業改良普及所の先生方が、「血液型の講演をする人がいるよ」と宣伝してくれたことが大きかったのです。

口頭でお願いしてもイメージしにくいと思い、56年にはPR用のチラシを作りました。印刷屋さんに頼んで500枚。これを持参して講演会を売り込みました。遠方の農協や商工会などにはダイレクトメールで送ります。

チラシの参考にしたのは、選挙の時に

A·O·B·AB
あなたの血液型は何型ですか。
あなたは対人関係で悩んでおりませんか。
辻田与五郎
秋田県平鹿郡雄物川町下川原266
TEL (01822)2−4279

昭和58年に作ったチラシ。唯一のカラー印刷候補者が配るリーフレット。薄い紙だと捨てられてしまうので、厚めの紙にしました。講演実績や内容、プロフィルなどを紹介。ほかに「一度辻田さんのお話を聞くことをお勧めいたします」と太字にして、これまで講演に呼んでくれた団体と代表者の名前を並べて印刷しました。選挙のリーフレットみたいでしょう。

チラシは1、2年ごとにリニューアルし、平成12（2000）年の第16号まで作りました。一番出来がいいと思っているのは、昭和58年のカラー印刷の第2号。公園のベンチで撮ったポーズ写真を載せました。政治家のポスターは青い背広に赤いネクタイ姿が多いと感じていて、それをまねました。

千枚刷って10万円かかりました。カラー印刷は後にも先にもこの時だけです。あまりにも高くて。

■広がりに手応え

アメリカ農業を視察

雄物川町（現横手市）に昭和63（1988）年4月、「明道塾」が開塾しました。学びを通して人づくりと地域づくりを目指す青壮年のグループで、塾長は町長が務めることになっていました。

当時の富田弘二町長には以前からお世話になっていました。青年会で演劇活動をしていた20代、演劇好きの富田さんが劇の演出をしてくれたのがきっかけです。町長選に立候補した時は、マイクを握って応援演説をしたこともあります。富田町長が塾長ということで、一も二もなく塾生になりました。

塾では政治経済、農業、教養一般と、いろんな勉強会が開かれました。印象に残るのは、飛行機で取れたての野菜を消費地に運ぶフライト農業。コスト高で結局実現しませんでした。それでも地域を盛り上げようという塾生たちの熱気を感じ、充実していました。

平成元（１９８９）年11月には塾の農業視察でアメリカを訪れました。10日間の日程でコメや野菜の農場、養豚場のほか、コンピューター関連の企業の視察が予定されていました。行ってみたかったのですが、参加費や準備の費用、小遣いなどを含めると１００万円はかかりそうです。迷っていると家内が「行ってこい」と送り出してくれました。

アメリカのコメ農場を視察（右）＝平成元年

コメ農場には驚きました。見渡す限りの農地は2800㌶。種もみと肥料は飛行機でまくそうです。正直、これではとてもかなわないなと感じました。

視察以外にも、結婚する4組に1組が男同士だという話や、混血の人の中にはものすごく優秀な人がいる話などを興味深く聞きました。現地でも血液型を聞き回ったのですが、自分の血液型を知らない人が多いことには驚きましたね。

私の講演会は平成2年に初めて年間100回を超えました。「血液型と人間関係」に、新しいネタ「アメリカ見聞録」が加わりました。

飯舘村でほらを吹く

ある日、新聞を読んでいた家内が「父さんにぴったりの大会がある」と言います。福島県飯舘村で「全国ホラ吹き大会」があるというお知らせの記事でした。血液型の講演で全国を回るなんて、普段からほらばかり吹いているように思っていたのでしょう。

面白そうだと思い、出ることにしました。役場に電話で申し込むと、当日出発の列車では大会に間に合わないそうで、前日にたつことにしました。冬なので車では行かない方がいいと思ったのです。前日に伺う旨を伝えると、役場の担当者が「良かったらうちに泊まりませんか」と誘ってくれました。お言葉に甘えて前の日の平成3（1991）年1月18日に出発しました。役場の人は飯舘の駅まで迎えに来てくれていて、夕食もごちそうになりました。

大会では2年前のアメリカ視察の話をしました。現地で買った派手なTシャツに、はんてんを羽織った格好をして。

内容はこうです。飛行機の中で「ティー、カフィー」とスチュワーデ

飯舘村の大会で着たTシャツ。写真はアメリカ視察中の一こま＝平成元年

ス（キャビンアテンダント）。何のことか分からず視察団の人に聞くと、紅茶とコーヒー、どっちを飲むかを尋ねていたのです。コーヒーを飲み終えると、スチュワーデスは「フィニッシュ」と聞いてカップを下げていきます。

このエピソードから話を膨らませました。「英語は単語だけ覚えていれば通じる。英会話は簡単。今の目標は日本全国で血液型の話をすることだけれど、アメリカも講演で回りたい」。そんなほらを吹きました。

入賞はできませんでしたが、人前で夢を語ることができて満足でした。ちなみに優勝賞品は子牛1頭。もらっても困っただろうなと勝手に納得して、会場を後にしました。

原発事故では飯舘村の人たちも避難を余儀なくされました。テレビや新聞でニュースを見るたびに、気の毒に思います。あの親切な役場の人は今、どうしているでしょう。

地元でほら吹き大会

福島県飯舘村の「全国ホラ吹き大会」に出場して雄物川町（現横手市）に戻ると、地域おこしグループ「明道塾」の事務局から大会の様子を聞かれました。

雄物川町でもほら吹き大会を開きたいというのです。大いに夢を語り、笑いを通じて地域を元気にしたいということでした。雄物川町の町民憲章は「笑顔の町」。ほら吹き大会開催にはぴったりだと思いました。

平成3（1991）年4月、塾の学習会で実際にほら吹きを披露しました。飯舘の大会のことを説明し、その時と同じアメリカ視察にちなんだ話をしました。

そして5年1月、記念すべき「第1回銀河系宇宙ほらふき決勝大会」が町コミュニティセンターで開かれました。10分の制限時間で、ほら話のスケールの大きさやユニークさを競います。この時のお客さんは50人ぐらいだったかな。回を重ねるにつれて増え、500人ぐらい集まる年もある新年の恒例行事となりました。

会場の玄関には振る舞い酒が置かれ、出場者もお客さんも自由に飲めます。いつだったか、出場者が飲み過ぎてメロメロになってしまいました。壇上で「俺、何しゃべるんだっけ」と言い、大爆笑でした。大会が終わると懇親会が開かれます。これがまた楽しいんです。

私もこれまで5回出場し、28年の第24回大会では大賞を取ることができました。

右肩のけがで横手市立大森病院に入院した経験から考えたほらです。触った部分の病気が治るという「なで仏」がありますよね。なでられて頭はピカピカです。「雄物川町にある『光頭会』の人が大森病院に行って、患者が触れば早期に退院できる。政権が掲げる1億総活躍社会に貢献できる」と訴えました。

今年と去年はコロナで中止となってしまいま

銀河系宇宙ほらふき決勝大会で大賞に＝平成28年

したが、大会は令和2（2020）年まで毎年開かれました。来年こそはまた大笑いしたいものです。

「赤穂浪士姿」で入場

平成5（1993）年、講演会の入場スタイルを変えました。タッター、ララララララタッターというおなじみの大河ドラマ「赤穂浪士」のテーマソングに乗って会場に入るようにしたのです。カセットテープを持参して、スタッフの人にかけてもらいます。音楽は落語の出ばやしがヒントになりました。

衣装も四十七士の討ち入りに合わせました。近所の呉服屋さんにお願いして、作ってもらったのです。丈の長い黒のはんてんで、袖と裾は白いぎざぎざ模様が入っています。「秋田県雄物川町」「辻田与五郎」の襟文字も入れました。

それまでは開会前に演壇の横の机に座り、主催者あいさつ、講師紹介が終わるのを待って壇上に向かうという、ごくごく普通の流れでした。衣装はダブルか三つぞろえのスーツ。面白い話で笑ってほしいと思っても、初めのうちはお客さんがどこか身構えてしまいます。

講演会というと、一般的に堅苦しい、退屈、眠いというイメージがありますよね。音楽をかけ、変わった衣装で入場すれば、お客さんは「何か面白いことが始まりそうだ」と思ってくれるはずです。

赤穂浪士にしたのは、四十七士の一人、神崎与五郎にちなんで。与五郎が同じだから、昔から近所のお年寄りたちが、私のことをからかって神崎与五郎と呼ぶことがありました。

赤穂浪士姿での入場に合わせ、特注で作ったはんてん

会場に入ってゆっくりと演壇へ。最初に「時は元禄15年12月14日、江戸は本所松坂町。吉良上野介邸に討ち入った赤穂浪士の一人、姓は神崎、名は与五郎。その神崎与五郎と同じ、与五郎と申します。以後、お見知りおきのほど、よろしくお願い致します」。こう切り出すと、お客さんは最初から盛り上がるんです。

この頃、講演回数は年に150回を超えていました。赤穂浪士の入場スタイルは10年ぐらい続けました。

ホームページを開設

講演活動を始めて2、3年した頃、ワープロを始めました。お客さん向けの資料を作るためです。A型はO型に物を頼みやすいなど、血液型による力関係をホワイトボードで説明していたのですが、手元にあった方が親切だと思って。

講演会を開かせてほしいと送るダイレクトメールも、手書きよりワープロのきれいな文字の方がいいですよね。字が下手なんです。ブラインドタッチができるようになりたいと、キーボード上に置く指の基本型・ホームポジションを覚え、かなり練習しました。15年ぐらいはワープロを使っていました。

パソコンに変えたのは平成9（1997）年3月。ウィンドウズ95が発売されて以降、パソコンはブームになっていました。全世界は大げさですが、インターネットでいろんな人に「自分はこんなことをしています」と発信できる。これからはパソコンの時代だ、なんて張り切って、秋田市の電器店に出掛けました。

自宅で456日記を執筆＝令和4（2022）年2月

翌10年の7月にはホームページを開設しました。作成のためのソフトウエアを買ってきて、朝から晩まで画面とにらめっこ。行き詰まると近くの温泉に行きました。こうすればいいんじゃないかとアイデアが浮かび、10日ほどでようやく完成。この間、田んぼや畑に出ないものだから、近所の人が心配して家に来たこともありました。「病気で入院でもしたのかと思った」と。何かに集中すると、そのことで頭の中がいっぱいになっちゃう。悪い癖です。

3年後にはホームページをリニューアル。これを機に日記の掲載を始めました。タイトルは名前に引っかけて「456（ヨゴロー）日記」。毎日続けるという思いも込めました。遠方の講演があると帰宅後にまとめて書くこともありますが、家にいる時は毎日更新しています。ホームページからは講演会の動画を見ることもできます。よかったらご覧ください。

妻がスイカ始める

ホームページを開設した平成10（1998）年、わが家でスイカの栽培が始まりました。コメ、シメジに次ぐ三つ目の作物です。言い出したのは家内。シメジ栽培がシーズンオフの夏場は近くのスーパーで働いていたのですが、そこをやめて挑戦したいと言うのです。

ご存じの通り、雄物川町（現横手市）はスイカの産地。今も150軒近い農家が栽培しています。初めは山の方の大沢地区で作っていました。昭和45（1970）年の減反（生産調整）を機に、大沢の人たちが平場の田んぼを借りて作るようになり、それを見た人たちにも広がっていきました。キノコの成功を目指していた私は、スイカに興味はありませんでした。

私は家内に「自分でやれ」と一言。コメとシメジの農作業に加え、講演活動が忙しくてとても手が回らない状態だったんです。近所にスイカを作っている農家がいて、その人から教われば、家内だけでも大丈夫だとも思ったのです。

あの頃、田んぼは私の担当でしたが、シメジ栽培は家内が中心でした。年間100回以上の講演で各地を飛び回っていましたから。そこにスイカが加わったので、家内の負担は増す一方です。「きつい」と文句ばかり言うものだから、2年目からは手伝うようになりました。後から聞いた話ですが、家内は「講演ではご飯を食べていけない。何か別のものを探さなくては」と思っていたそうです。

最初は2反歩（約20アール）だったスイカの面積は、7反歩まで増えました。長男が作業小屋のあった場所に

スイカ畑で家内と＝令和3（2021）年7月

自宅を建てたのを機に、平成20年にシメジ栽培をやめました。ですから今は、コメとスイカの農家です。米価が下がり、コメよりスイカの売り上げの方が多くなりました。スイカを始めてくれた家内には「ありがとう」と言いたい気持ちでいっぱいです。そうでなければ今ごろ大変でした。

■これが僕の生きる道

講演CDを自主制作

平成15（2003）年8月28日、雄物川町（現横手市）で「地域づくり団体全国研修交流会秋田大会」の分科会が開かれました。全国で地域活性化に取り組んでいる人たちが活動を発表し、親睦を深めました。私も町の地域おこしグループ「明道塾」の塾生として参加しました。

分科会では私の講演も予定されていました。この時、初めて講演を録音しました。全国から集まった人たちに受ければ、どこに行っても受けるだろう。そうすれば県外への宣伝にも役立つはずだと考えました。講演を始めて24年がたっていました。それまでの集大成として、記録に残しておきたいという思いもありました。

血液型と人間関係の講演は、登場人物や話の持っていき方でいろんなバリエーションがあります。あの日はそれまでの講演で受けたネタを集めました。ピンマイクがなかったので、背広の胸ポケットにICレコーダーを入れて40分。終了後の交流会は講演の話で盛り上がりました。「うちの県にも来てほしい」「綾小路きみまろの漫談より面白い」なんて言ってもらって。

早速翌日から自宅のパソコンで講演のCD

平成15年、初めて自主制作した講演のCD。24年間の成果を詰め込んだ

制作に取り掛かりました。一枚一枚ラベルを印刷して、何日かかけて100枚ぐらい作ったかな。PR用として全国のテレビ局や新聞社に送りました。

CDはホームページや講演会場で販売もしました。送料込みで1枚2千円。少し高いとは思いましたが、友達から「24年間の成果を安売りしちゃ駄目だ」と言われて、そうだなと思ってね。ホームページでの販売はいまひとつでしたが、講演会場では結構買ってもらいました。

その後も度々録音してCDを作りました。講演会の主催者への礼状と一緒に送ったり、お客さんへのプレゼントにしたりしています。10年ほど前からは三脚にビデオカメラを載せて、動画も撮っています。

初の全国テレビ放送

平成15（2003）年の11月ごろ、東京のテレビ局・TBSから電話がありました。宣伝用に送った血液型の講演CDに興味を持ってくれたのです。

番組で紹介したいからと、電話で取材を受けました。私の経歴や講演活動を始めたきっかけ、講演の回数などです。頼まれて写真も何枚か送りました。

ユニークな活動をしている全国の人たちの中から大賞を決めるその番組は、翌16年の1月2日に放送されました。私としては初めての全国放送です。秋田ではTBSが映らないので、山形に住む弟に録画を頼みました。送られてきたビデオを見ると、私はノミネート番号3番で「日本初の血液型漫談師!!」と紹介されていました。

血液型漫談師という言葉が気に入りました。確かに血液型について面白おかしく話していたのですが、自分では講演会の講師というつもりでした。しかも日本初。「これはいいや」と、それからは自分をアピールする肩書として使わせてもらっています。漫談師というからには、それらしい衣装にしなければ。そう思ってそろえたのは、黄色い背広と赤いシルクハット。どこにも売っていなくて、インターネットで注文しました。ワイシャツは青でネクタイは赤。派手で目立つでしょう。

のぼり旗も新調しました。戦国武将の出陣でもオリンピックの入場行進でも、旗は欠かせません。旗を先頭に講演会の会場に入るのです。入場曲は大河ドラマの赤穂浪士のテーマから、中島みゆきさんの「地上の星」に変えました。「地上にある星を誰も覚えていない」というフレーズがあります。「自分は誰も知らない地上の星。認められるようにもっと頑張ろう」なんて勝手に思ったんです。

新調したのぼり旗

この年の10月には、日本テレビのバラエティー番組にも出させてもらいました。家内と上京し夫婦で出演、血液型の話をしました。

講演回数減り、悩む

昭和54（1979）年に始めた血液型と人間関係をテーマにした講演。話題の芸能人カップルや時の内閣の血液型を調べて最新のネタを作っていました。「その人の人生は、その人がいつも考えている通りになる」という実体験からくる人生哲学、農業視察で見聞きしたことを基にした「アメリカ見聞録」などに触れることもありました。

講演回数が最も多かったのは平成6（1994）年の181回。目の回るような忙しさでした。ところがだんだん減ってきて18年は53回。この年は3カ月近く、依頼がない時もありました。本職は農業なので田んぼと畑に通いました。寂しい気分の私とは正反対に、家内は喜んでいましたね。だって私が講演に行かなければ、その分、家内の農作業は減るわけですから。時間を持て余し、山菜採りにもしょっちゅう出掛けていました。

講演が減った理由の一つは、お得意さんである農協や商工会などの合併だったと思います。合併前はそれぞれ呼んでくれていたのに、組織が一つになると全体で1回になったりします。

それよりも深刻に感じていたのは漫談の内容です。どんな商売もそうでしょうが、ずっと同じことを話していると、お客さんは次第に離れていくものです。このまま血液型漫談だけをしていてもじり貧になる。まずいなあと悩んでいました。

そんな時、何回か私の漫談を聞いたことがある人から「選挙の話は面白かったね」と言われました。講演では「マイクを握るのが大好きで、カラオケ大会の司会や選挙

456n85.htm
ファイル | D:/Myドキュメント/ようこそ辻田与五郎のホームページへ%20-%20コピー/456n85.htm
(4) Facebook
Seesaa OpenID aut...
Dell Vostro 3510
昨夜午後9時・NHKスペシャル「笑いがビジネスを変える」33年連続黒字のすごい会
私の講演には笑いがある。これから、おおいに伸びるぞと確信した。
水稲育苗ハウスのビニール取り。スイカ畑の耕起等。
5月21日
午前5時・家内と山へゼンマイとワラビを採りに行く。ゼンマイは最盛期が過ぎたようだ
でただ「ゼンマイ」や「ワラビ」を探す。最高のストレス解消・贅沢と思っている。結構
間何回もゼンマイを手で揉む。そのゼンマイの殆どはお土産。
山に生えているゼンマイ
収穫したゼンマイ
収穫したワラビ

ホームページに載せた平成18年5月21日の日記。山菜採りに行ったとつづる。この頃は全く講演がなかった

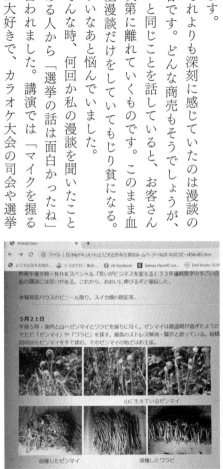

の手伝いをしています」と自己紹介します。その中で「選挙後半になると候補者も運動員もどんどん声が大きくなる。興奮して候補者の名前を間違えて叫ぶ人もいる」というふうに、笑えるエピソードを紹介していたのです。

選挙のネタか―。いいヒントをもらった気がしました。

経験生かし選挙漫談

お客さんの一言がヒントになり、それまで選挙をお手伝いした経験を基に選挙漫談を作ろうと決めました。

初めての選挙応援は、昭和47（1972）年3月の雄物川町（現横手市）の町議会議員選挙です。当時、私は沼館高校（現雄物川高校）同窓会の副会長。会長が町議選に出るということで、運動員を仰せ付かりました。選挙カーに乗り、街頭に立ち、マイクでアピールする役割です。カラオケ大会や結婚式の司会が目に留まったのでしょう。

私の声はよく通るようで、会長も喜んでいました。有権者が自分の応援演説に引き込まれ、拍手をしてくれると、こっちも乗ってきます。

その後も雄物川町長選や県議選、知事選、合併後の横手市議選など少なくとも10回は選挙に関わりました。キノコ作りの仲間や私の講演を気に入ってくれた人に頼まれたのです。マイクが好きなだけで、党派は関係ありません。

選挙では頑張り過ぎて、思わず笑ってしまう場面があります。最初は台本を棒読みしていたウグイス嬢（車上運動員）が最後は熱が入り、

初めて臨んだ選挙の応援演説（右端）＝昭和47年3月、雄物川町沼館

「お仕事ご苦労さまでございます。お父さーん、お母さーん、ありがとうございます」となります。大声で候補者の名前を間違えることもあります。ちなみにマイクを持つ女の人はウグイス嬢、男はカラスと呼んでいました。

猫を抱いた有権者に駆け寄り「よろしくお願いします」と言って猫と握手する候補者。犬を散歩させている人に向かって「誰よりも犬を愛する男」とアピールするウグイス嬢。赤信号で止まると「交通ルールを守る男」と言葉をつなぐカラス。

はたから見ると滑稽ですが、選挙戦終盤は陣営全体が異様な熱気に包まれます。平成20（2008）年に始めた選挙漫談では、こうした姿を再現しています。真剣にやればやるほど、お客さんは笑ってくれます。

受けがいい健康の話

平成20（2008）年に始めた選挙漫談のエピソードを一つ。前にもお話ししましたが、選挙では候補者もウグイス嬢も終盤に向けて声がだんだん大きくなります。漫談にも当然絶叫する場面が出てきます。

困ったのが練習場所。家で練習すると家内がうるさいと言うので、近くの山でやっていました。ある日、1人で叫んでいるところを親戚に見つかってしまったんです。その親戚は「与五郎ちゃん、おかしくなったんじゃないか」と心配したそうです。後で本人から聞きました。

それはさておき、選挙漫談は受けがよく、講演の柱が増えました。漫談に合わせて運動員風の黄色のジャンパーと、必勝の鉢巻きも用意しました。選挙の話をしていると、政治家を登場させる血液型漫談に話がつながっていきます。

講演では最近、健康に関する話をすることが増えました。高齢化が進み、漫談を聞いてくれるお客さんもほとんどがお年寄り。健康は大きな関心事です。

おかげさまで私は健康。薬も飲んでいません。「私の顔色、いいと思いませんか。髪も黒々としています。染めてませんよ。どれほど健康であるか、証拠をお見せします」と言って、健康診断の結果通知表を最前列の人に見せます。するとお客さんたちは興味を持って話を聞いてくれます。

勧めているのは大きな声を出すこと。何かの本で読んだのですが、特に「い」と「え」の音を叫ぶと元気が出るそうですよ。私は77歳。周りから「若く見える」とよく言われます。講演で大きな声を出しているからかもしれません。学校の先生から「元気な子は声が大きい」と聞いたこともあります。

黄色のジャンパーに鉢巻き姿の選挙漫談。健康の話を交えることが増えた＝令和元（2019）年

ほかには、わが家で毎日食べている黒ニンニクの作り方などを紹介します。漫談で笑えて、健康の話も聞ける。いい講演でしょ？

龍馬像を見上げ感激

34歳で講演活動を始めて40年余り。これまで全国各地に足を運びました。

最も印象深いのは高知県です。高知県農業共済組合連合会（現県農業共済組合）が呼んでくれて、平成2（1990）年11月14日から3日間かけて、県内3カ所で話をしました。

実は若い頃に司馬遼太郎の「竜馬がゆく」を読んで以来、坂本龍馬の大ファン。講談「竜馬がゆく」というのを勝手に作って青年会の集まりなどで披露していました。雄物川町（現横手市）の町民体育館にNHKのど自慢が来た時には、村田英雄の「竜馬がゆく」を歌って出場しました。結果は予選落ち。昭和60（1985）年ごろだったと記憶しています。

11月15日は龍馬の誕生日であり、命日でもあります。偶然とはいえ高知滞在中に、その日を迎えることができたのです。龍馬の霊が呼んでくれたんじゃないかと運命を感じました。14日に龍馬の像がある高知市の桂浜を訪れました。どうしても行きたかった場所。憧れの龍馬はこうやって太平洋を眺めていたのかと思うと、感激しました。

講演はダイレクトメールを送って実現しました。農業共済のように各地に組織がある場合は

桂浜の龍馬像の前で＝平成2年11月14日

「秋田県農業共済組合連合会様にもお世話になりました」と書き添えるのがコツです。横のつながりで、面白いかどうかを聞くようなのです。農業共済関係では高知のほか、岐阜、山口、富山、茨城、新潟などでも講演しました。

各地の名所旧跡を訪ねるのは講演の楽しみの一つ。織田信長が天下統一の拠点とした岐阜市の岐阜城も思い出深い場所です。講演会が終わってからロープウエーで金華山山頂の城に向かいました。信長はこの景色を見ながら天下を取ると誓ったのでしょう。「与五郎、お前も漫談で天下を取るよう頑張れ」と信長に励まされているように感じました。

夢が人生つくるのさ

夢が人生つくるのさ—。昭和59（1984）年に放送されたNHKの朝ドラ「ロマンス」の主題歌に似たようなフレーズがありました。すっかり気に入って、講演会ではこの言葉とともに夢を持つことの大切さをお話しします。

キノコづくりで失敗が続き、落ち込んでいた20代。多くの本を読んで得たのが「その人の人生は、その人がいつも考えている通りになる」という信念です。キノコで成功すると自分に言い聞かせてがむしゃらに働き、シメジ栽培は何とか軌道に乗せることができました。講演会を始めた時も全国を回ると誓い、おかげさまで活動を続けさせてもらっています。実体験を紹介しながら、お客さんに「夢を持ち、行動しましょう」と呼び掛けています。

コロナ禍で昨年の講演はたったの7回。おととしは9回しかありませんでした。講演に

新しい漫談に生かそうと、新聞に目を通して情報収集＝令和4(2022)年3月11日、自宅で

呼んでほしいと、昨年暮れにはダイレクトメール千通ほどを全国の農協や商工会、社会福祉協議会などに送りました。

反応は4件。2回講演し、1回はキャンセル、もう1回は7月の予定です。千分の4が少ないとは思いません。だってこちらから働き掛けなければ、なかった反応ですもの。しばらくは講演会の開催は難しいかもしれませんが、ダイレクトメールを思い出して、いつか呼んでくれるかもしれませんよね。

今は新聞や雑誌を読んだり、テレビを見たりして、世の中の関心事を勉強しています。面白い漫談を作るためです。コロナが下火になれば、またダイレクトメールを送るつもりです。何事も準備が肝心。種をまかなければ収穫できないという農業の基本と一緒です。

これまでの講演は3207回。31都道府県を回りました。夢は全国制覇。77歳の今も、必ず達成できると信じています。楽しい人生です。

辻田　与五郎　略年譜

昭和20（1945）年　2月28日、横手市雄物川町に生まれる
38（1963）年　沼館高校卒業。家業である農業に従事する
40（1965）年　仲間たちと農業企業化グループ（愛称イーグ）を結成し代表幹事に就任。長野県飯山市でエノキタケ栽培の研修を受ける
41（1966）年　エノキタケ栽培を開始
45（1970）年　純子さんと結婚。雄物川シメジ研究会発足
46（1971）年　雄物川シメジ組合に名称を変える
47（1972）年　雄物川シメジ組合長に就任
49（1974）年　秋田県特用林産物経営コンクールで雄物川シメジ組合が優良賞受賞
51（1976）年　秋田県特用林産物経理コンクールで雄物川シメジ組合が優秀賞

53（1978）年　（県知事賞）受賞
血液型と人間関係の研究を開始
54（1979）年　人生初の講演が大成功。翌年から本格的に講演活動を始め、県内外から講演依頼を受けるようになる。メディアにもたびたび登場
平成元（1989）年　アメリカで農業視察
3（1991）年　福島県飯舘村で開催された「全国ホラ吹き大会」に出場
5（1993）年　横手市雄物川町で開催された「第1回銀河系宇宙ほら吹き決勝大会」出場。雄物川町5農協合併により新「雄物川町しめじ組合」発足
10（1998）年　自身のホームページを開設
14（2002）年　横手市雄物川町農業委員に当選
令和3（2021）年　共同通信社の取材を受け、全国13の地方紙で紹介される

あとがきにかえて

あとがきにかえて

令和3（2021）年11月28日に東京の2会場で講演し、上野駅発の最終新幹線で帰って来たので、自宅に着いたのは29日の午前0時30分頃でした。

その日の午後、当時秋田魁新報社横手支社の支社長だった斎藤純一さんから電話があり、1時間後に訪問を受けました。用件は、秋田魁新報の「時代を語る」で私の幼少時代から今日までの人生を連載で紹介してくださるとのことでした。連載をまとめると私の伝記になるだろう─と思い、たいへんありがたいお話だったので喜んで取材を受けることにしました。

1週間に1回くらい、斎藤さんが私の家に取材に来てくださいました。毎回写真を載せることになっていたので、ごちゃ混ぜになっている写真を整理し、私のことを紹介してくださった新聞記事や雑誌探しなど、忙しい毎日でした。幸い、農閑期で暇な時期の取材だったので、ありがたいと思いました。

連載が始まったのは2月21日からです。以来、友人、知人、見知らぬ人たちからメール、電話、はがき、手紙が届きました。「新聞で一番最初に読むのが『時代を語る』です」「毎日読んでおります」「若い時、苦労したんですね」「奥さん、よく別れないで付いてきましたね」「奥さんが偉かったんだ!」などの声を頂き、たいへんうれしく思いました。

改めまして、「時代を語る」を書いてくださった斎藤さんはじめ、秋田魁新報社の皆さまに対し、心からお礼申し上げます。せっかく斎藤さんが私の半生記を書いてくださいましたので、その記事を補足するようにして令和4(2022)年11月22日から自分史「半農半X　ある農家の歩み」を書き始めました。じっくり時間をかけて、仕上げたいと思っております。

2023年4月

辻田　与五郎

◇　◇

2年続きの記録的な大雪に見舞われた横手市。道路脇や田畑にはまだ雪が残る。雄物川地域でコメとスイカをつくる辻田与五郎さん（77）は「昨年より1週間ぐらい雪解けが遅い。春の農作業は遅れそう」と言う▼辻田さんは漫談師という顔も持ち、「日本初の血液型漫談師」として全国を飛び回る。農繁期は農作業、農閑期は漫談の講演というのが長年の生活のリズムだ。「半農半X」という言葉になぞらえ、自らを「半農半漫談師」と称する▼半農半Xは暮らしの中に「農」を取り入れ、それぞれが本業とする仕事（X）と両立させる生き方だ。Xに関しては「個性、特技、長所、役割を生かし社会への何らかの貢献を目指すもの」と提唱された。農林漁業のマンパワー確保や移住、田舎暮らしなどと絡めて耳にする機会が増えた▼カラオケ大会の司会を買って出るほど人前で話すことが好きで始めた漫談。笑いは健康維持に効果があるという。農業を本業としながらも、笑いを届ける講演活動は半農半Xの理念に沿うと言えそうだ▼コロナ禍の2年余り、講演依頼は激減。講演会を開いてもらおうと、昨年暮れには全国の農協や商工会などにダイレクトメールを千通送った。「種をまけばいつか実る。農業と一緒です」と依頼が舞い込む日を待つ▼間もなく種もみを発芽させる作業が始まり、スイカ畑の施肥と耕起も控える。講演活動の本格的再開にはまだ時間がかかりそうだが、農業はもうすぐ春作業が本格化する。

（2022年4月3日付「北斗星」より）

夢が人生つくるのさ

定　　価	880円（本体 800円＋税）
発 行 日	2023年5月10日
編集・発行	秋田魁新報社
	〒010-8601 秋田市山王臨海町1－1
	Tel. 018(888)1859
	Fax. 018(863)5353
印刷・製本	秋田活版印刷株式会社

乱丁、落丁はお取り替えします。

ISBN978-4-87020-428-7 c0223 ¥800E